FACULTÉ DE DROIT DE PARIS.

THÈSE

POUR LA LICENCE.

L'acte public sur les matières ci-après sera soutenu
le mercredi 13 juin 1855, à midi,

Par Nicolas-Joseph-Émile-Donnadieu FAYS,

né à Gyé-sur-Seine (Aube).

Président, M. BONNIER, Professeur.

Suffragants :
MM. PELLAT,
COLMET-DAAGE,
MACHELARD, } Professeurs.
DURANTON, Suppléant.

Le Candidat répondra en outre aux questions qui lui seront faites sur les autres matières de l'enseignement.

PARIS,

VINCHON, FILS ET SUCCESSEUR DE Mme Ve BALLARD,
Imprimeur de la Faculté de Droit,
RUE J.-J. ROUSSEAU, Nº 8.

1855

3076

A MON PÈRE.

——

A LA MÉMOIRE DE MA MÈRE.

JUS ROMANUM.

DE VERBORUM OBLIGATIONIBUS.

(Dig.; lib. xlv, tit. 1.)

Inter ea quæ mihi sors attribuit tractanda, omittenda exis‐
timavi quæ ad cæteras verborum obligationes attinent, ut
speciali modo de dividuis atque individuis obligationibus et de
duobus reis constituendis loquerer. Libro igitur quadragesimo
quinto Digestorum de dividuo atque individuo hæc inveni :

Stipulationum quædam in dando, quædam in faciendo con‐
sistunt. Et harum omnium quædam partium præstationem
recipiunt, quædam non recipiunt. Hanc Paulus indicat divi‐
sionem, et hac indicatione errorem ostendit horum qui omnes
obligationes quæ in faciendo consistunt individuas esse dicunt.
Ait enim : harum omnium, hoc est tam quæ in dando quam
quæ in faciendo consistunt, vel dividuæ vel individuæ sunt.

Obligatio partium præstationem recipit, veluti quum *decem*
dari stipulamur; non recipit, veluti quum *viam, iter, actum* sti‐

pulamur. Quæ sit inter eas servitutes differentia non dicam, quia non est hic locus.

Quædam partis quidem dationem natura recipiunt, sed nisi tota dentur, stipulationi non satisfit; veluti quum *hominem* generaliter stipulor. Intellectu quidem homo in partes dividi potest, sed quum hominem stipulatus sum, *unius* dominium acquirere volui; si vero dimidias partes in *duobus* dederis, stipulationi non satisfit.

Quid si moriatur hujus individuæ obligationis promissor? Cum Paulo dicendum est : « Ne heredes quidem pro parte solvendo liberari possunt, quamdiu non eamdem rem omnes dederint : non enim ex persona heredum conditio obligationis immutatur.

Et ideo si divisionem res promissa non recipit, veluti *via*, hæredes promissoris singuli in solidum tenentur. Sed quo casu unus ex hæredibus solidum præstiterit, repetitionem habebit a coherede, familiæ erciscundæ judicio. Sed si, quum nondum stipulator petierit, de familia erciscunda actum est, nulla etiam difficultas inest, quia tam heredes officio judicis cautiones dederunt ut si quis ex his conventus litis æstimationem præstiterit, id pro parte a cæteris consequatur. Quod si forsitan data non fuerit actio, tum ille, qui solverit, actionem *negotiorum gestorum* habebit. Ac ne credendum quidem, quum heredes servitutem constituere noluerint, quia pecuniæ condemnatio sit, singulos partes præstare posse; nam conventus heres in id condemnari debet quod interest stipulatoris, id est in servitutis æstimationem.

Si vero, non promissor, sed stipulator, moriatur, pluribus relictis heredibus, cum Paulo et Pomponio dicamus, singulos heredes in solidum habere actionem. Sed quidam hoc casu extingui stipulationem putant. « Cum enim, dicunt, viam vel iter stipulatus, ante constitutam servitutem alienavi partem fundi, jam non posse servitutem constitui : idem esse quum stipulator, pluribus relictis heredibus, decesserit. » Verum est, venditionis casu, non posse constitui servitutem; sed hic casus haud similis est alteri. Venditor enim, propria voluntate, impedivit quin posset servitus constitui. Quum vero mortuus est stipulator, nulla heredibus suis culpa imputanda. Igitur cum Paulo et Pomponio dicamus : « Non facit inutilem stipulationum difficultas præstationis. »

Si tamen, non constituta servitute, ab uno ex heredibus stipulatoris actum est, num petere poterit ut tanta pecunia promissor condemnetur quanta valet tota servitus ? Non poterit nisi pro parte hereditaria; nam id solum ejus interest. Igitur, si decesserit stipulator, tribus relictis heredibus, servitutemque nolit promissor constituere ex qua fundus hereditarius plus valuisset *triginta aureis*, singuli heredes pro *decem aureis* tantum agere poterunt, quia quisque agere potest in id tantum quod ejus interest.

Quum mortuus est promissor *hominis* generaliter, ejus heredes, ut supra dixi, alter in uno, alter in altero, partes solvere nequeunt. Sed si stipulator alterum ex heredibus promissoris convenerit, non idem dicendum. Is contra quem non agitur cujuscumque hominis partem solvere poterit. Is enim contra quem actio est vel absolvetur vel condemnabitur : si absolvatur, ut nihil debere habetur, ejus coheres, dimidiam partem hominis tantum debens, in eo quem velit præstare potest; si condemnetur, quum pecuniæ condemnatio sit, coheres etiam potest in quocumque homine dimidiam partem solvere. Stipulator enim non timebit ne, pars in uno, pars in altero homine, solvatur.

Hæc de obligationibus quæ in danda consistunt.

Obligationes vero qui in faciendo consistunt dividuæ sunt quoque vel individuæ; *individuæ* quum id factum de quo cautum est, natura divisionem non recipit : veluti *iter fieri* : quia quod in partes dividi non potest, ab omnibus quodammodo factum videretur. *Dividuæ* contra, quum id de quo cautum est, natura divisionem recipit, veluti *amplius non agi*. Differentiæ hanc esse rationem : quod in priore casu omnes commisisse videntur quod nisi in solidum peccari non poterit, illam stipulationem *per te non fieri, quominus mihi ire agere liceat.* Sed ne non idem hic est : sed magis idem quod in illa stipulatione *Titium heredemque ejus ratum habiturum?* Nam hac stipulatione et solus tenebitur qui non habuerit ratum, et solus aget a quo fuerit petitum.

Indicam denique Tuberonis opinionem, qua, si eam sequantur, omnia mutentur de dividuis atque individuis obligationibus. Ulpianus et Celsus Tuberonem referunt existimasse, ubi quid fieri stipulemur, si non fuerit factum, *pecuniam dari oportere;* ideoque etiam in hoc genere dividi stipulationem : secundum quem Celsus ait posse dici, justa æstimatione facti dandam esse petitionem. Sed hæc sola est opinio, cui non credendum est.

DE DUOBUS REIS CONSTITUENDIS.

(Dig., lib. xlv, tit. 2.)

Qui stipulatur, reus stipulandi dicitur ; qui promittit, reus promittendi habetur. Quod si duo, pluresve, idem stipulentur, correi stipulandi dicuntur ; si duo, pluresve, idem promittant, dicuntur correi promittendi.

Circa correos videbimus : 1° quarum obligationum duo pluresve correi esse possint ; 2° quæ sit correorum natura ; 3° quomodo constituantur.

QUARUM OBLIGATIONUM DUO REI ESSE POSSINT.

Non solum obligationum quæ in dando consistunt, sed et harum quæ in faciendo, duo rei tam stipulandi quam promittendi constitui possunt. Nam « nemo est qui nesciat alienas operas promitti posse, et fidejussorem abhiberi in ea obligatione; et ideo nihil prohibet duos reos stipulandi constitui vel promittendi, sicuti si ab eodem fabro duo rei stipulandi easdem operas stipulentur, et, ex contrario, duo fabri ejusdem peritiæ easdem operas promittere intelliguntur, et duo rei promittendi fieri. »

Item non solum stipulationum conventionalium, sed et stipulationum prætoriarum, duo rei fieri possunt.

Neque solum in stipulationibus, sed et in cæteris contractibus duo rei fieri possunt, veluti emptione, venditione, locatione, conductione, deposito, commodato, testamento : ut puta, si pluribus heredibus institutis testator dixit : Titius et Mævius Sempronio decem dato.

QUÆ SIT CORREORUM NATURA.

Correorum sive stipulandi, sive promittendi ea natura est, quod « cum duo eamdem pecuniam aut promiserunt, aut stipulati sunt; ipso jure et singuli in solidum debentur, et singuli debent; ideoque petitione, acceptilatione unius tota solvitur obligatio » (L. 2, Javol., lib. 3, ex Plautio.)

Tandiu tamen liberum est debitori alterutri ex correis credendi solvere, quamdiu neuter agere occupavit. Verum « ex duobus reis stipulandi si semel unus egerit, alteri promissor offerendo pecuniam, nihil agit » (L. 16, Gaïus, lib. 3, *de verb. oblig.*)

Quemadmodum solutio facta re integra uni ex correis credendi, debitorem ab omnibus liberat : ita vice versa, solutio ab
uno ex pluribus correis debendi facta, omnes liberat, et ita est
quia solutio ipsam obligationem extinguit.

Quibus autem modis magis persona ab obligatione eximitur,
quam ipsa obligatio solvitur, uno ex reis liberato, cæteri non
liberantur. Hinc « quum duo eamdem pecuniam debent, si
unus capitis deminutione exemptus est obligatione, alter non
liberatur. Multum enim interest utrum res ipsa solvatur, an
persona liberetur. Quum persona liberatur manente obligatione,
alter durat obligatus: et ideo si aqua et igni interdictum est
alicui, fidejussor postea ab eo datus tenetur » (L. 19, Pomponius,
lib. 37, ad. Q. Mucium).

Quum duo rei promittendi solidum singuli debeant, hinc
etiam sequitur in solidum vel ab uno eorum peti posse. Sed
partes singulis, si mavult, creditor petere potest, id nequaquam
dubium est.

Beneficium divisionis duo rei promittendi non habent, singuli
enim in totum tenentur. Et si Justinianus, Novella xcix, id beneficium attribuit, id est quia invicem alter pro altero fidejusse-
runt.

Si quis ex reis promittendi in solidum conventus, debitum exsolvat, non habebit actionem adversus correos, nisi inter eos
fuerit societas vel mandatum, aut nisi creditor offerenti solutionem actiones suas cesserit.

Idem rei stipulandi, si socii non sint, nullam habebant actionem ad mutuas partes repetendas contra eum qui totum accepit
debitum.

QUOMODO DUO REI TAM STIPULANDI QUAM PROMITTENDI CONSTITUANTUR.

Ut duo rei stipulandi constituantur, oportet 1° ut uterque stipulatus fuerit et quidem utiliter; 2° ut singuli eamdem rem in solidum stipulentur.

Quum stipulatio, nisi in ejus persona cui responsum est, non valeat, si plures stipulentur, omnibus debet esse responsum. « Sed si a duobus reis stipulandi interrogatus, respondisset uni se spondere, ei soli tenetur. »

Si id quod ego et Titius stipulamur in singulis personis proprium intelligatur, non poterimus duo rei stipulandi constitui: veluti si ego, dominus proprietatis et Titius stipulemur a fructuario fundi mei remitti hunc usumfructum, vel ego, Caiam ducturus, et Titius stipulemur *dotis Caiæ nomine* centum dari, solus ego creditor ero. Nec enim alii quam domino fundi remitti. ususfructus hujus fundi potest; nec, nisi ei qui Caiam ducturus est, dotis Caiæ nomine quid deberi potest.

Ut duo rei stipulandi constituantur, oportet 2° ut singuli eamdem rem in solidum stipulentur; in dubio quisque pro parte sua stipulatus præsumitur. Unde Papinianus (L. 11, § 1): « Quum tabulis esset comprehensum, illum et illum centum aureos stipulatos, neque adjectum ita ut duo rei stipulandi essent, virilem partem singuli stipulati videbantur ».

Hæc de reis stipulandi: videamus nunc de reis promittendi. Ut duo rei promittendi constituantur, oportet ut singuli utiliter promittant, et singuli idem in solidum.

1° Utiliter promittant. Inutiliter promittit qui non confestim respondet; hinc sequitur: si ex duobus qui promissuri sint, hodie alter, alter postera die, responderit promitto, non esse duos reos, ac ne obligatum quidem intelligi eum, qui postera die responderat. Sed modicum intervallum aut modicus actus qui modo contrarius obligationi non sit, non impedit quominus duo rei fiant.

Quid si alter inutiliter promisit? Num alter in solidum obligatur? Ita dicendum puto, nam non sub conditione in utriusque persona fit interrogatio, ut ita demum obligetur, si alter quoque utiliter promiserit.

2° Ut singuli idem promittant. Non autem videbuntur idem promisisse, adeoque rei promittendi non erunt, qui rem, non in solidum, sed pro sua quisque parte promiserint. In dubio autem præsumitur pro sua quisque parte promisisse, nam ex Novella xcix non intelliguntur duo rei promittendi esse, nisi expressum sit.

Nihil interest autem an per singularem, an per pluralem numerum interrogati fuerint, aut responderint.

Nihil refert simul spondeant, an separatim promittant, quum hoc actum inter eos sit, ut duo rei constituantur, neque ulla novatio fiat (L. 3, Ulp., l. 47, ad Sabinum).

Quamvis eamdem rem debeant, nihil impedit quin dispari modo obligentur, alter in diem vel sub conditione. Nec enim impedimento erit dies vel conditio, quominus ab eo qui pure obligatus est, petatur.

Pariter diversa dies tacite singulorum obligationi inesse potest, ut quum ex diversis locis Capuæ pecuniam dari stipulatus sum.

Liberum est denique stipulatori, vel ab utroque, vel ab altero duntaxat fidejussorem accipere.

POSITIONES.

I. Obligationes quæ in faciendo consistunt dividuæ vel individuæ sunt.

II. Si stipulator viæ decesserit, singuli heredes in solidum habent actionem.

III. Non solum in stipulationibus, sed et in cæteris contractibus duo rei fieri possunt.

IV. Quem velit reorum promittendi stipulator in solidum convenire potest. Reus contra promittendi non semper eum cui solvat ex reis stipulandi, eligere poterit.

V. Beneficium divisionis correi promittendi non habent.

VI. Si quis ex reis promittendi in solidum conventus debitum exsolvat, non habebit actionem adversus correos, nisi inter eos fuerit societas vel mandatum, aut nisi creditor offerenti solutionem actiones suas cesserit.

VII. Duorum promittendi reorum quum alter inutiliter promisit, alter in solidum obligatur.

DROIT FRANÇAIS.

DES OBLIGATIONS SOLIDAIRES, DIVISIBLES ET INDIVISIBLES.
(Code Napoléon, art. 1197-1225.)

Lorsqu'une personne promet à plusieurs une même chose, elle doit à chacun, non pas la chose entière, mais des fractions égales de cette chose. De même, lorsque plusieurs promettent la même chose à une même personne, la dette se divise en autant de parts égales qu'il y a de débiteurs, et ceux-ci ne peuvent être poursuivis que pour leur part. Tel est le droit commun.

Mais la loi permet d'y déroger par une clause expresse. Les créanciers, dans le premier cas, peuvent s'associer, réunir toutes leurs créances en une seule, et se donner réciproquement mandat de recevoir le payement de la créance commune, et de faire tous les actes nécessaires soit à sa conservation, soit à son amélioration. Dans le second cas, le créancier peut exiger que ceux qui s'obligent envers lui, relativement à une même chose, s'associent de telle manière qu'ils soient, vis-à-vis

de lui, considérés comme une seule et même personne, repré-
sentée par chacun d'eux. C'est ce qu'on appelle stipuler la
solidarité.

CHAPITRE Ier.

DE LA SOLIDARITÉ.

La solidarité est une modalité particulière des obligations,
en vertu de laquelle la totalité de l'objet dû (*solidum*) peut,
d'après le titre constitutif ou une disposition formelle de la loi,
être demandée par quelconque des cocréanciers ou à quelconque des codébiteurs, sauf, après le payement, le partage
du profit ou du déboursé entre tous les intéressés.

Comme elle est une exception au droit commun, elle ne doit
pas se présumer. Aussi le Code (art. 1197 et 1202) exige-t-il
une mention expresse, n'indiquant d'exception que pour les
cas où elle a lieu de plein droit, en vertu d'une disposition de
la loi. Il ne faut pas en conclure qu'on doive nécessairement
employer le mot *solidarité* : nous n'avons plus, dans notre droit,
de termes sacramentels, les parties peuvent employer toute
autre expression propre à manifester clairement leur volonté.

La solidarité est active ou passive selon qu'elle existe entre
créanciers ou entre débiteurs. Nous allons en examiner les
effets dans l'un et dans l'autre cas.

§ 1. — De la solidarité entre créanciers, ou solidarité active.

L'obligation est solidaire entre créanciers lorsque le titre
donne expressément à chacun d'eux le droit de demander le
payement du total de la créance, et que le payement fait à l'un
d'eux libère le débiteur, encore que le bénéfice de l'obligation

soit partageable et divisible entre les divers créanciers (article 1197).

Cette espèce de solidarité ne peut résulter que du titre constitutif, le mot *expressément* de notre article l'indique assez clairement. Elle est, du reste, fort rare en pratique. On ne la conçoit guère, en effet, qu'en supposant plusieurs créanciers qui, pour assurer le payement de ce qui leur est dû, se donnent réciproquement mandat de poursuivre le remboursement intégral de la créance, et de faire tous les actes qui peuvent la conserver ou l'améliorer. De cette idée de mandat il résulte :

1° Que chaque créancier a le droit d'exiger le payement intégral de la dette.

2° Que le débiteur peut payer à celui des créanciers qu'il lui plaît de choisir. Cependant, s'il a déjà été poursuivi par l'un d'eux, c'est entre les mains du créancier poursuivant qu'il devra payer : 1° parce que le créancier qui l'actionne agit tant au nom de ses cocréanciers qu'il représente, qu'en son propre nom ; 2° parce que celui qui le premier forme une demande en payement, ne doit pas être privé, par le fait du débiteur, de l'avantage que lui procurera la possession des fonds, avantage immense puisqu'il est sûr de ne pas perdre, tandis que ses cocréanciers courent le risque de son insolvabilité.

3° Que le créancier qui interrompt la prescription l'interrompt au profit de tous. Mais s'il existe parmi eux un créancier contre lequel, à raison d'un privilège particulier, la prescription soit suspendue, elle court néanmoins contre les autres. Ainsi, lorsqu'un des créanciers est mineur, la prescription, qui est suspendue dans son intérêt, ne l'est pas à l'égard des autres. Il n'y a plus ici de mandat, il y a protection spéciale de la loi en faveur d'un seul des créanciers, et s'il est vrai que le mineur relève le majeur en fait de prescription, c'est seulement

dans le cas d'indivisibilité (art. 710). On ne saurait, par ana-
logie, étendre cette règle à la solidarité.

4° Que si l'un des créanciers constitue le débiteur en demeure,
le débiteur est en demeure à l'égard de tous.

5° Que s'il fait courir les intérêts par une demande en justice, les intérêts courent au profit de tous.

6° Que s'il se fait donner une hypothèque ou toute autre
sûreté, cette garantie profite à tous.

Quant aux actes qui pourraient nuire aux autres créanciers,
aucun d'eux n'a le pouvoir de les faire ; si donc l'un des créanciers fait remise de la dette au débiteur, la remise n'a d'effet
que pour la part de ce créancier. En effet, il n'est, quant aux
parts de ses cocréanciers, qu'un simple mandataire qui ne
saurait avoir mission de nuire aux droits de ses mandants.

§ 2. — De la solidarité de la part des débiteurs, ou solidarité passive.

Si la solidarité active est assez rare, la solidarité passive, au
contraire, est d'un usage très-fréquent. Les créanciers s'em-
pressent de la stipuler toutes les fois qu'ils le peuvent. On le
conçoit facilement, car chacun des débiteurs étant tenu pour le
tout, plus ils seront nombreux, plus le créancier verra dimi-
nuer les chances de perte provenant de leur insolvabilité.

Il y a solidarité de la part des débiteurs lorsqu'ils sont obligés à une même chose, de manière que chacun puisse être con-
traint pour la totalité, et que le payement fait par un seul
libère les autres envers le créancier (art. 1200).

Il est de l'essence de la dette solidaire que toutes les obligations dont elle se compose aient la *même chose* pour objet ; mais
il n'est pas nécessaire que chacun la doive de la même manière,
et une obligation peut être solidaire lorsque l'un, par exemple,
doit purement et simplement, tandis que l'autre doit condition-

nellement ou à terme. Cette disposition de l'art. 1201 peut paraître étrange. On peut se demander comment une obligation peut avoir des qualités différentes. La réponse à cette question est bien simple. L'obligation solidaire est une, il est vrai, par rapport à la chose due ; mais il y a plusieurs débiteurs, et elle est multiple quant à eux, c'est-à-dire qu'elle est composée d'autant de liens qu'il y a de débiteurs, et chaque lien peut enchaîner un débiteur d'une manière différente, rien ne s'y oppose.

Je vais indiquer : 1° dans quels cas la solidarité a lieu ; 2° quels sont les rapports du créancier avec les débiteurs ; 3° quels sont les rapports des débiteurs entre eux.

§ 3. — Dans quels cas la solidarité a lieu.

La solidarité ne se présume pas ; elle résulte ou de la convention expresse des parties ou d'une disposition de la loi. Dans le premier cas, elle est conventionnelle ; dans le second cas, elle est légale.

La solidarité conventionnelle a lieu toutes les fois que le titre constitutif indique assez clairement que telle est la volonté des parties. Elle est toujours parfaite.

Quant à la solidarité légale, elle n'a lieu que dans certains cas où la loi l'établit directement, et au-delà desquels on ne saurait l'étendre. Elle est tantôt parfaite, tantôt imparfaite.

Puisque j'ai employé les mots *parfaite* et *imparfaite*, je vais les expliquer en citant les cas où la solidarité légale est parfaite, et les cas où elle est imparfaite.

La solidarité est parfaite quand elle existe entre personnes unies par un intérêt commun, qui se connaissent, qui ont des rapports entre elles. Ainsi, dans les cas suivants :

1° Lorsqu'une femme veuve contracte un second mariage,

son nouvel époux est solidairement responsable avec elle des suites de la tutelle qu'elle a indûment gérée où qui lui a été conservée par le conseil de famille (art. 395, 396).

2° Lorsqu'un testateur aura nommé plusieurs exécuteurs testamentaires qui auront accepté, ils seront solidairement responsables du compte du mobilier qui leur aura été confié, à moins que le testateur n'ait divisé leurs fonctions et que chacun d'eux ne se soit renfermé dans celle qui lui était attribuée (art. 1033).

3° Le conjoint survivant et le subrogé tuteur sont solidairement responsables du défaut d'inventaire dans l'hypothèse prévue par l'art. 1442.

4° En matière de prêt à usage, ceux qui empruntent conjointement une même chose en sont solidairement responsables envers le prêteur (art. 1887).

5° Lorsque plusieurs personnes, ayant une affaire commune, donnent à quelqu'un mandat de la gérer, elles sont, envers leur mandataire, solidairement responsables de tous les effets du mandat (art. 2002).

6° En matière de sociétés commerciales, les associés en nom collectif indiqués dans l'acte de société sont solidaires pour tous les engagements de la société, encore qu'un seul ait signé, pourvu que ce soit sous la raison sociale (art. 22, 24, Code de commerce).

La solidarité est imparfaite lorsque la loi l'établit entre personnes qui ne sont qu'accidentellement codébiteurs, qui ne se connaissent pas, ou qui n'ont entre elles que des rapports fort rares.

Ainsi, les différents locataires d'une maison incendiée sont solidairement tenus en ce sens seulement que chacun peut être actionné pour le tout; mais ils ne sont point représentants les uns des autres. On ne saurait, en effet, supposer de mandat

entre personnes qui, peut-être, ne se sont jamais vues, et qui, peut-être, ne se verront jamais.

J'en dirai autant de la solidarité qui existe, soit entre les divers signataires d'une lettre de change ou d'un billet à ordre, soit entre personnes qui ont été condamnées pour un même crime ou pour un même délit.

Ainsi, dans la solidarité imparfaite, chacun des débiteurs peut être actionné pour le tout; mais là s'arrêtent les effets de la solidarité. Ils ne sont point représentants les uns des autres. Il en est autrement de la solidarité parfaite. Nous allons voir quels effets elle produit dans les rapports du créancier avec les débiteurs.

§ 4. — Des effets de la solidarité dans les rapports entre le créancier
et le débiteur.

En s'obligeant solidairement, chacun des débiteurs, en même temps qu'il promet sa part, reçoit et accepte mandat de payer pour les autres, et de les représenter vis-à-vis du créancier. De là il résulte :

1° Que le créancier peut s'adresser à celui des débiteurs qu'il veut choisir, et le poursuivre pour le tout, sans que celui_ci puisse lui opposer le bénéfice de division (art. 1203). Certains jurisconsultes pensaient autrefois que le codébiteur solidaire pouvait invoquer le bénéfice de division, c'est-à-dire offrir sa part au créancier en le renvoyant pour le reste aux autres débiteurs, pour ne lui payer le tout que dans le cas où ceux-ci seraient insolvables. Mais les rédacteurs du Code, pensant, comme Dumoulin, que le débiteur est tenu *in totum et totaliter*, lui refusent expressément ce bénéfice de division; débiteur pour le tout, il ne se libère qu'en payant le montant intégral de la dette. Du reste, le débiteur poursuivi peut appeler en cause ses codébiteurs, non pour faire fractionner la dette, mais pour faire statuer, par un même jugement, et sur la demande du créancier et sur la demande en garantie qu'il a le droit de former contre ses codébiteurs.

2° Qu'il peut poursuivre les débiteurs, soit successivement, soit simultanément. Les poursuites dirigées contre l'un des débiteurs n'éteignent pas l'obligation tant qu'elles ne sont pas suivies de payement. L'obligation subsistant, chacun des débiteurs reste donc tenu de la totalité, et dès lors le créancier est libre de laisser celui qu'il a poursuivi d'abord pour aller poursuivre les autres. Si le législateur a cru devoir s'expliquer expressément sur ce point, c'est parce qu'il en était autrement dans l'ancien droit romain, où l'effet de la *litis contestatio* était d'opérer novation, c'est-à-dire d'éteindre la créance originaire pour donner naissance à une créance nouvelle. Cette novation judiciaire, déjà abrogée par Justinien, n'a, du reste, jamais été admise en droit français.

3° Que si la chose due a péri par la faute ou pendant la demeure de l'un des débiteurs solidaires, les autres codébiteurs ne sont point déchargés de l'obligation de payer le prix de la chose; mais ceux-ci ne sont point tenus des dommages-intérêts (art. 1205). Dans les cas ordinaires d'obligation conjointe, la destruction de la chose par le fait ou la faute de l'un des obligés, libère ses coobligés; mais notre article en dispose autrement pour le cas où cette obligation est solidaire. Ici, en effet, chacun des débiteurs est le représentant, le mandataire des autres, *ad perpetuandam obligationem*, et le législateur en conclut que la perte arrivée par le fait ou la faute de l'un des codébiteurs laissera subsister l'obligation contre tous. Du reste, les codébiteurs étant regardés comme s'étant donné mandat seulement *ad perpetuandam* et non *ad augendam obligationem*, il s'ensuit que les dommages-intérêts qui peuvent s'ajouter à l'obligation par suite de la faute de celui qui a fait périr l'objet, restent sa dette propre et ne sont pas dus par les codébiteurs, ses mandants. Toutefois, si les dommages-intérêts avaient été prévus et réglés à l'avance dans le contrat, ce serait alors une clause pénale convenue pour tel cas prévu, lequel cas venant à se réaliser, la clause pénale devrait être encourue par tous les codébiteurs. Cette décision ne blesse pas le principe que « les codébiteurs ne sont mandataires les uns des autres que *ad perpetuandam* et non *ad augendam obligationem*, » puisque chacun ne paye, en définitive, que ce qu'il a promis.

4° Que les poursuites faites contre l'un des débiteurs solidaires interrompent la prescription à l'égard de tous (art. 1206). Notre article suppose que le débiteur est vivant et que les poursuites sont dirigées contre lui; mais si le débiteur était mort, le créancier qui voudrait interrompre la prescription pour la dette entière devrait poursuivre tous les héritiers, car la dette, quoique solidaire, s'est divisée entre eux, et ils ne peuvent être poursuivis chacun que pour la part pour laquelle il représente le défunt.

5° Qu'il suffit de mettre en demeure l'un des débiteurs pour que tous le soient également.

6° Que la demande d'intérêts formée contre l'un des débiteurs solidaires fait courir ces intérêts contre tous (art. 1207). On pourrait croire que cet article porte atteinte au principe que les codébiteurs sont mandataires *ad perpetuandam* et non *ad augendam obligationem.* Il n'en est rien cependant. En effet, les intérêts étant fixés par la loi d'une manière invariable, chacun des codébiteurs est censé avoir adopté le tarif de la loi comme une clause pénale; et cette clause pénale tacite doit être régie par les mêmes principes que la clause pénale expresse dont je viens de parler. Un autre motif encore a décidé le législateur. Si la demande en justice n'eût fait courir les in-

térêts qüe contre le débiteur actionné, le créancier aurait eu
alors intérêt à former autant de demandes qu'il y aurait eu de
débiteurs ; de là des frais considérables dont les débiteurs eussent été victimes.

Il va sans dire que si l'un est obligé purement et simplement,
l'autre à terme, l'autre sous condition, la demande qui produira son effet *hic et nunc* à l'égard du premier, ne produira
d'effet, à l'égard du second, qu'à partir du terme, et, à l'égard
du troisième, qu'à partir du jour où la condition se trouvera
réalisée.

*Quelles exceptions le débiteur poursuivi peut-il opposer au
créancier ?*— Par exceptions, il faut entendre ici tous les moyens
propres à combattre, à repousser la prétention du demandeur.

Le codébiteur solidaire poursuivi par le créancier peut opposer toutes les exceptions qui résultent de la nature de l'obligation, et toutes celles qui lui sont personnelles, ainsi que
celles qui sont communes à tous les codébiteurs. Il ne peut opposer les exceptions qui sont purement personnelles à quelques-uns des codébiteurs (art. 1208).

Les exceptions qui résultent de la nature de l'obligation sont
celles qui sont fondées sur l'inexistence ou la nullité de la
dette. On les appelle *réelles* parce qu'elles portent sur la dette
même. Elles sont absolues, c'est-à-dire opposables par tous les
débiteurs. Ces exceptions sont communes ; chacun des débiteurs, quand il est poursuivi, peut les opposer au créancier.

La différence qui existe entre les exceptions que le Code appelle résultant de la nature de l'obligation et celles qu'il appelle communes consiste en ce que celles-ci sont fondées sur
une cause légitime d'extinction de la dette (paiement, remise
de la dette, prescription, etc.), tandis que celles-là sont fondées sur l'inexistence ou la nullité de la dette (défaut de

cause ou cause illicite, défaut d'objet, objet illicite ou hors du commerce,)

Du reste, l'effet est absolument le même, elles peuvent toutes être opposées par tous les débiteurs, et les rédacteurs auraient très-bien pu, au lieu d'en faire deux classes, les confondre toutes en une seule qu'ils auraient appelée *exceptions communes*.

Quant aux exceptions personnelles, elles ne doivent pas être mises toutes sur la même ligne. Elles sont ou purement personnelles ou personnelles *lato sensu*. Les exceptions purement personnelles sont : celles qui sont exclusivement propres à l'un des codébiteurs, qui tiennent à la qualité de ce débiteur, et ne tombent sur l'objet que par contre-coup, pour ainsi dire, et par suite de cette qualité ; les autres débiteurs ne peuvent nullement les invoquer. Ainsi, par exemple, quatre personnes se sont obligées à payer une somme de 800 fr. ; si l'une d'elles est mineure, elle pourra seule invoquer le bénéfice de sa minorité et les trois autres pourront être poursuivies pour 800 fr. Les exceptions personnelles *lato sensu* sont celles que l'un des obligés peut seul opposer pour le tout, mais que ses coobligés peuvent invoquer pour sa part dans la dette. Ainsi quatre personnes capables s'étant obligées à payer 800 fr., le créancier a fait remise de la dette à l'une d'elles en déclarant qu'il ne l'a faite qu'à elle. Celle-ci pourra seule, il est vrai, invoquer l'exception pour la dette entière, mais ses codébiteurs pourront l'opposer pour la part qu'elle devait supporter dans la dette et ne seront plus tenus solidairement que pour 600 fr.

Parmi les modes d'extinction des obligations, il en est quelques-uns dont il faut observer particulièrement l'effet en matière de solidarité. Ainsi :

1° *Compensation*. — Lorsque la compensation a été opposée par le débiteur du chef duquel elle s'est opérée, elle peut être invoquée par chacun des autres codébiteurs, car le créancier ayant cessé de l'être dès l'instant où il a reçu en payement de sa créance la libération de la dette dont il était tenu, il est évident que personne n'est plus débiteur.

Mais si le créancier s'adresse directement aux autres débiteurs, ceux-ci ne peuvent l'invoquer, ni pour le tout, ni jusqu'à concurrence de la part que doit supporter celui des débiteurs du chef duquel la compensation s'est opérée. L'art. 1294 est formel, sa prohibition est absolue. On peut donner deux raisons à l'appui de cette décision : 1° si un débiteur solidaire pouvait opposer la compensation du chef de son codébiteur, celui-ci serait souvent engagé dans des procès désagréables relativement à sa créance ; ce serait en quelque sorte permettre à chacun des codébiteurs de s'immiscer dans les affaires de son codébiteur ; 2° le codébiteur solidaire poursuivi par le créancier est obligé de payer la part de ses codébiteurs en même temps que la sienne et il reste exposé à leur insolvabilité ; il ne serait pas juste qu'il pût échapper au péril de l'avance en le rejetant sur un autre, et c'est ce qui arriverait s'il pouvait opposer la compensation qui s'est opérée du chef de l'un de ses codébiteurs.

2° *Confusion.* — Lorsque l'un des débiteurs devient héritier unique du créancier, ou lorsque le créancier devient l'unique héritier de l'un des débiteurs, la confusion n'éteint la créance solidaire que pour la part et portion du débiteur ou du créancier (art. 1209). Notre article ne prévoit que le cas où le codébiteur se trouve substitué au créancier, ou le créancier au codébiteur, pour le tout, comme héritier unique, sans parler du cas non moins fréquent où l'un ne deviendrait que pour partie le représentant de l'autre. Mais ce cas ne peut pas présenter de difficultés, et la solution serait la même s'il y avait plusieurs héritiers. Ainsi, par exemple, Primus, Secundus et

Tertius me doivent solidairement 900 fr. et je deviens héritier
de Tertius pour un tiers avec Quartus et Quintus. Il y a confusion pour un neuvième seulement, et je puis demander à
Primus 800 fr. (sauf son recours contre Secundus pour 300 fr.,
contre Quartus pour 100 et contre Quintus aussi pour 100; en
sorte qu'il ne supportera que son tiers de la dette, 300 fr.). Il
en est de même à l'égard de Secundus.

3° *Remise de la dette.* — La remise de la dette est absolue ou
relative. Elle est absolue, elle profite à chacun pour le tout :
1° lorsque le créancier l'a déclaré expressément; 2° lorsqu'il a
abandonné son titre à l'un des codébiteurs; 3° lorsque, trai-
tant avec l'un des codébiteurs, le créancier déclare lui faire remise de la dette. Si donc, le créancier n'entend faire qu'une
remise relative, c'est à lui de s'en expliquer formellement par
une réserve expresse de sa créance contre les autres codébiteurs. A défaut de cette réserve, la remise est absolue, elle profite à tous. Cette décision est certainement injuste, car si on
peut supposer que l'intention du créancier a été de faire une
remise absolue, on peut supposer aussi qu'il n'a voulu faire
qu'une remise relative. Or, les libéralités ne se présumant pas,
il eût été plus juste d'interpréter le doute dans le sens de la
libéralité la plus restreinte.

4° *Remise de la solidarité.* — Il ne faut pas confondre la remise de la dette avec la remise de la solidarité ; car il y a entre
ces deux cas une grande différence. En effet, lorsque le créancier
a fait remise de la dette à l'un des codébiteurs, celui-ci est complétement libéré; tandis que quand il lui a été fait remise de la
solidarité, le débiteur ne peut plus être poursuivi pour le tout,
c'est vrai, mais il peut encore être poursuivi pour sa part. Le
créancier lui a accordé tout simplement le bénéfice de division,
et il était parfaitement libre de le faire, car la solidarité a été
stipulée uniquement dans son intérêt.

La remise de la solidarité est absolue ou relative. Lorsqu'elle est absolue, tout mandat cesse d'exister entre les códébiteurs; lorsqu'elle est relative, le débiteur en faveur duquel elle a été faite n'est plus tenu que de sa part; il ne représente plus, il n'est plus représenté par ses codébiteurs. Lorsque la remise de la solidarité est faite à l'un des codébiteurs, elle est relative et ne profite qu'à celui qui l'a obtenue, si le créancier n'a pas expressément renoncé, dans l'intérêt de tous, au bénéfice de la solidarité. Cette solution est bien préférable à celle que je viens d'indiquer pour la remise de la dette, elle est conforme aux véritables principes. Si le Code a deux solutions si opposées sur la même question, c'est que les rédacteurs les ont puisées à deux sources différentes : la première est tirée de la doctrine subtile et rigoureuse de l'acceptilation romaine, tandis que la seconde a été empruntée à la législation du préteur sur le pacte de remise.

La remise relative de la solidarité peut être expresse ou tacite. Elle est tacite dans les cas suivants :

1° Lorsque le créancier, recevant un payement partiel, indique dans la quittance qu'il a reçu de tel débiteur tant pour sa part, sans faire aucune réserve de ses droits.

2° Lorsque le créancier, ayant poursuivi l'un des débiteurs pour sa part, le débiteur actionné a déclaré acquiescer à la demande, ou lorsque sur cette demande il est intervenu un jugement passé en force de chose jugée.

3° Lorsque l'un des codébiteurs a payé pendant dix années consécutives, pour sa part et sans réserve du créancier, la portion qu'il doit supporter dans les intérêts ou arrérages de la dette. Mais si ce payement n'a pas été continué par le débiteur pendant dix années consécutives, le créancier ne perd la solidarité que pour les intérêts échus, et non pour ceux à échoir ni pour le capital.

§ 5. — Des recours des codébiteurs solidaires entre eux.

Lorsque, sur la poursuite du créancier, l'un des codébiteurs solidaires a payé la dette entière, il a payé à la fois sa part et celle des autres ; de là pour lui le droit de recourir contre eux pour tout ce qu'il a employé à leur libération. Il peut demander à chacun sa part et portion ; cette part est déterminée par l'intérêt que chacun a eu dans la cause de l'obligation. Si l'un d'eux se trouve insolvable, la perte résultant de son insolvabilité ne doit pas être supportée exclusivement par celui qui a fait le payement et qui, par suite, exerce un recours contre ses codébiteurs. L'équité commande et la loi ordonne que cette perte soit supportée par tous proportionnellement à la part que chacun d'eux doit supporter dans la dette.

La perte résultant de l'insolvabilité de l'un ou de plusieurs des codébiteurs solidaires est répartie entre tous les autres, y compris celui auquel le créancier avait fait remise de la dette ou de la solidarité ; cette remise, en effet, n'a pas pu empirer la position des autres codébiteurs en détruisant les rapports existant entre eux et celui qui l'a obtenue.

Mais qui doit, en définitive, supporter cette perte ? Est-ce le créancier qui a fait la remise ? Est-ce le débiteur auquel cette remise a été faite ? La question est très controversée. Je crois, quant à moi, que la perte doit être supportée par le débiteur. En effet, voici l'exposé des motifs : « Si le créancier divise la « dette à l'égard des codébiteurs, on ne doit pas en conclure « qu'il ait interverti les recours des codébiteurs entre eux. La « division de la dette n'a pu être consentie ni acceptée que sauf « le droit d'autrui ; ainsi le codébiteur déchargé de la solida- « rité envers le créancier a dû compter qu'il lui restait encore « une obligation à remplir à l'égard de ses codébiteurs, en

« cas d'insolvabilité de quelques-uns d'entre eux » (Fenet, t. XIII, p. 255).

Il se peut que la dette ait été contractée dans l'intérêt d'un seul des débiteurs; dans ce cas ses codébiteurs, bien qu'ils soient de véritables débiteurs solidaires vis-à-vis du créancier, ne sont, dans leurs rapports avec lui, que des cautions ordinaires. S'il paye lui-même la dette, il n'a rien à demander à ses codébiteurs ; si l'un d'eux paye, il peut recourir contre lui pour le tout, et, s'il est insolvable, contre ses codébiteurs, chacun pour sa part virile.

Le codébiteur qui a payé et qui exerce son recours contre ses codébiteurs, a deux actions contre eux : 1° une action de mandat qui naît dans sa personne; 2° l'action du créancier avec tous ses accessoires, gages, priviléges ou hypothèques. Cette action lui est acquise en vertu d'une subrogation légale dont le principe est écrit dans l'art. 1251 ; mais il ne peut l'exercer que dans la limite de l'action qu'il a de son chef contre ses codébiteurs. C'est ce que veut dire l'art. 1213, ainsi conçu : « L'obligation contractée solidairement envers le créancier se « divise de plein droit entre les débiteurs, qui n'en sont tenus « entre eux que chacun pour sa part et portion. »

CHAPITRE II.

DES OBLIGATIONS DIVISIBLES ET INDIVISIBLES.

Cette matière a toujours passé, et avec raison, pour l'une des plus difficiles. Avant le Code Nap., c'était, suivant l'expression de Dumoulin, un véritable labyrinthe. Aujourd'hui encore, on peut, sans sortir de la vérité, appliquer aux obligations divisibles et indivisibles l'expression du célèbre jurisconsulte, car les rédacteurs du Code sont loin d'avoir dissipé l'obscurité qui couvrait cette matière. Je vais essayer d'en exposer les principes le plus clairement et le plus brièvement qu'il me sera possible.

D'abord, quel intérêt y a-t-il à distinguer si une obligation est divisible ou indivisible? Quand il n'y a qu'un seul débiteur et qu'un seul créancier, cette distinction est sans intérêt; car, d'après l'art. 1220, l'obligation qui est susceptible de division doit être exécutée entre le créancier et le débiteur comme si elle était indivisible. Mais si on suppose que la dette avait été contractée soit par plusieurs personnes, soit au profit de plusieurs personnes, ou bien (c'est le cas prévu par le Code parce qu'il est le plus fréquent) que le débiteur ou que le créancier est mort laissant plusieurs héritiers, il importe alors de savoir si la dette est divisible ou si elle ne l'est pas. Dans le premier cas, en effet, la dette se divise de plein droit, chacun des débiteurs n'est tenu que pour une part et portion de la dette, chacun des créanciers n'a droit qu'à une portion de la créance. Dans le second cas, au contraire, chacun des débiteurs peut être poursuivi, chacun des créanciers peut poursuivre pour le tout.

Mais quand est-ce qu'une obligation est divisible, quand est-ce qu'elle est indivisible ? L'obligation, considérée en elle-même comme *vinculum juris*, est toujours indivisible. Ce n'est donc pas à ce point de vue qu'il faut se placer pour comprendre la théorie de l'indivisibilité. Ce qui est divisible ou indivisible, c'est ce qui est dû, c'est l'objet de l'obligation; aussi l'art. 1217 dit-il : « L'obligation est divisible ou indivisible selon qu'elle a pour objet ou une chose qui dans sa livraison, ou un fait qui dans son exécution est ou n'est pas susceptible de division soit matérielle soit intellectuelle. »

Pothier, que nos rédacteurs ont copié ou résumé ici comme dans presque tout son Traité des Obligations, distingue trois espèces de divisibilité. Il existe en effet :

1° Des choses qui peuvent être divisées en parties physiquement et réellement séparées les unes des autres, comme une somme d'argent, par exemple, qu'on divise en plusieurs petites sommes.

2° Des choses qui sont susceptibles de parties, non point moléculairement séparées les unes des autres, mais indiquées par un signe matériel ; ainsi un champ peut être divisé en plusieurs parties au moyen de bornes, ou de haies, ou de fossés.

3° Enfin des choses qui, sans être divisibles matériellement, comme dans les deux cas que je viens de citer, peuvent néanmoins être divisées intellectuellement. Ainsi un cheval peut appartenir à trois personnes, à chacune pour un tiers.

L'obligation, au contraire, est indivisible lorsque la chose qu'elle a pour objet n'est susceptible d'aucune espèce de divisibilité.

Pothier, d'après Dumoulin, reconnaît trois espèces d'indivisibilité :

1° L'indivisibilité *contractu* ou *natura*, lorsque l'objet de l'obligation, sous quelque rapport qu'on le considère, n'est pas susceptible de division soit matérielle soit intellectuelle ; ainsi, par exemple, une servitude de passage, l'obligation de fournir un titre, de communiquer une pièce.

2° L'indivisibilité *obligatione*, quand l'objet de l'obligation, quoique divisible en lui-même, cesse de l'être par suite du rapport sous lequel il a été envisagé dans le contrat. Ainsi, par exemple, un architecte s'engage à me bâtir une maison : son obligation envers moi est indivisible, car elle a pour objet un *opus perfectum*, une maison, une habitation ; or une maison considérée sous ce rapport n'existe que lorsque toutes les parties qui doivent la composer sont achevées. Que si l'architecte fait marché avec un maçon qui s'engage à bâtir la maison, l'obligation de ce dernier est divisible, car les travaux peuvent être utilement faits par parties.

3° L'indivisibilité *solutione tantum*, lorsque l'objet de l'obligation étant divisible sous quelque rapport qu'on le considère, il a été expressément ou tacitement entendu que l'obligation ne serait pas exécutée par parties. Ainsi, par exemple, je stipule de vous que vous me prêterez 10,000 fr. pour exercer un droit de *réméré* : votre obligation est indivisible, car le but que je me suis proposé en stipulant de vous cette somme, ne saurait être atteint par parties. Cette indivisibilité affecte moins l'obligation que son exécution, aussi l'appelle-t-on indivisibilité *solutione tantum*. Elle constitue plutôt une exception à la divisibilité de l'obligation qu'une indivisibilité proprement dite : c'est ainsi, en effet, que la qualifie le Code lui-même dans l'art. 1221.

Il y a, entre les deux premières espèces d'indivisibilité et la troisième, la différence que celle-ci affecte l'obligation au point passif seulement, la créance se divisant du reste entre les créanciers, tandis que celles-là affectent l'obligation tant au point de vue actif qu'au point de vue passif, c'est-à-dire qu'elles empêchent la division de la dette tant à l'égard des créanciers, qui ont le droit de poursuivre chacun pour le tout, qu'à l'égard des débiteurs, qui peuvent être poursuivis chacun pour le tout.

Cette distinction de Dumoulin, reproduite par Pothier, a été l'objet des plus vives critiques. Toullier lui-même avoue franchement qu'il n'a jamais pu saisir la différence existant entre l'indivisibilité *obligatione* et l'indivisibilité *solutione tantum*. Quoi qu'il en soit, la division de Dumoulin a été adoptée par les rédacteurs du Code ; car nous retrouvons l'indivisibilité *contractu aut natura* dans l'art. 1217, l'indivisibilité *obligatione* dans l'art. 1218, et l'indivisibilité *solutione tantum* dans l'article 1221.

§ 1. — Des effets de l'obligation divisible.

La divisibilité de la dette entraîne les conséquences suivantes :

1º Lorsque plusieurs personnes ont contracté une dette ayant pour objet une chose divisible, chacune d'elles est réputée n'avoir promis qu'une portion de la chose due, en sorte qu'il existe, non pas des fractions d'une ancienne dette actuellement divisée, mais autant de dettes distinctes et séparées qu'il y a de débiteurs; chacun d'eux ne peut être poursuivi que pour la portion qu'il est réputé avoir promise.

2º Lorsqu'une dette est contractée envers plusieurs personnes, chacune d'elles est réputée n'avoir stipulé qu'une portion de la chose due, en sorte qu'il existe autant de créances distinctes et séparées qu'il y a de créanciers; chacun d'eux ne peut réclamer que la portion qu'il a stipulée.

3º Lorsque le débiteur ou le créancier d'une chose divisible meurt, la dette ou la créance se divise de plein droit entre les héritiers. Chacun d'eux n'est tenu de payer la dette ou ne peut la demander que proportionnellement à la part pour laquelle il représente le défunt. De cette division des créances et des dettes il résulte que les interruptions de prescription, les dommages-intérêts encourus, la mise en demeure, l'insolvabilité, sont autant de faits personnels à chaque partie et auxquels les autres restent complétement étrangers. Mais si la dette, une d'abord, puis divisée, revenait ensuite à l'unité par la mort de tous les cohéritiers moins un, le débiteur unique ne pourrait prétendre faire autant de payements partiels qu'il y avait de cohéritiers, et l'indivisibilité reprendrait son empire.

Le principe que la dette se divise de plein droit entre les héritiers du débiteur reçoit des exceptions dans certains cas

indiqués par l'art. 1221. Ces cas vont nous présenter l'indivisibilité *solutione tantum*, c'est-à-dire celle qui n'affecte l'obligation qu'au point de vue passif, qui laisse la dette se diviser
de plein droit entre les héritiers du créancier, tandis qu'elle
reste indivisible à l'égard des héritiers du débiteur.

Nous allons voir que des cinq cas indiqués par l'art. 1221
comme faisant exception au principe de la division, trois seulement présentent cette exception.

L'art. 1221 nous indique : 1° le cas d'une dette hypothécaire,
et nous dit que celui des héritiers du débiteur qui se trouve
avoir l'immeuble hypothéqué, peut être poursuivi pour le tout
sur cet immeuble. Cette idée, que nos rédacteurs ont prise dans
Pothier, est ici complétement déplacée, attendu qu'elle ne constitue nullement une exception au principe de la division. Ce
principe, en effet, est que, par la mort du débiteur, chacun de
ses héritiers ne peut être poursuivi, en sa qualité d'héritier,
que proportionnellement à sa part héréditaire. Or, la circons-
tance que l'un des héritiers se trouve détenteur d'un immeuble
hypothéqué à la dette, ne change rien à ce principe ; car cet
héritier n'est toujours tenu, comme héritier et débiteur per-
sonnel, que pour sa part héréditaire, ce qui est la parfaite application du principe. Que s'il peut être poursuivi hypothécai-
rement pour le tout, c'est par l'effet d'une règle complétement
étrangère à celle-ci, c'est par suite de l'indivisibilité de l'hypothèque. Mais qu'il cesse de posséder l'immeuble, car c'est cet
immeuble qui est ici le débiteur, et il échappera à la poursuite
pour le tout. Ainsi le principe auquel notre article prétend
indiquer une exception reste parfaitement intact.

2° Lorsque la dette est d'un corps certain. Il y a ici vérita-
blement exception au principe que chaque héritier n'est tenu
de payer la dette que proportionnellement à sa part héréditaire :
si la loi a décidé ainsi, c'était pour la facilité de l'exécution,

pour éviter les poursuites multipliées, puis parce qu'il est tout simple d'aller demander la chose à celui des héritiers qui la possède.

3° Lorsqu'il s'agit de la dette alternative de choses au choix du créancier dont l'une est indivisible. Cette disposition est vraiment inexplicable. En effet, de deux choses l'une : ou le créancier demandera celle des deux choses qui est indivisible et chaque héritier pourra être poursuivi pour le tout; ou il demandera celle qui est divisible, et chaque héritier ne sera tenu que pour sa part et portion. Dans l'une comme dans l'autre hypothèse il y a, non pas une exception au droit commun, mais une application pure et simple des règles qui régissent les obligations divisibles et indivisibles. Cette disposition vient de ce que nos rédacteurs ont voulu reproduire la doctrine de Pothier, mais ils ne l'ont évidemment pas comprise. Pothier parlait tout simplement (n° 312) d'une dette alternative ordinaire, sans autre observation, ce qui suppose, contrairement à la pensée de nos rédacteurs, que les différents objets de cette dette sont divisibles et que le choix en appartient au débiteur (art. 1190). En effet, il donnait pour exemple le cas où le défunt était débiteur de telle maison ou d'une somme de 1,000 fr.; il disait que le défunt laissant deux héritiers, ceux-ci ne pouvaient pas donner, l'un, la moitié de la maison, l'autre, la moitié de la somme; mais qu'ils devaient s'entendre de manière à donner, soit la maison entière, soit la somme entière. Ce qui, selon Pothier, était indivisible, c'était le choix à faire par les héritiers de la chose qu'ils devaient payer. Il en serait de même, du reste, si le choix, au lieu d'appartenir aux débiteurs, appartenait au créancier. Voilà ce que nos rédacteurs n'ont pas compris.

4° Lorsque l'un des héritiers est chargé seul, par le titre, de l'exécution de l'obligation. Par titre, il faut ici entendre la convention qui a donné naissance à l'obligation. Cette convention a tout simplement pour effet d'imposer à l'héritier l'obligation de payer la part de ses cohéritiers en même temps que la sienne, mais sauf son recours contre eux. Ne pas accorder de recours à l'héritier qui a payé, ce serait avantager ses cohéritiers et, par conséquent, régler sa succession, ce qu'on ne peut faire que par testament.

5° Lorsqu'il résulte, soit de la nature de l'engagement, soit de la chose qui en fait l'objet, soit de la fin qu'on s'est proposée dans le contrat, que l'intention des contractants a été que la dette ne pût s'acquitter partiellement. Des exemples suffiront pour expliquer cette disposition. Ainsi, s'obliger à donner un genre, c'est contracter un engagement qui, par sa nature, n'est pas susceptible d'exécution partielle. S'il en était autrement, les héritiers du débiteur pourraient payer, l'un une fraction intellectuelle dans tel individu, l'autre une fraction intellectuelle dans tel autre individu ; de sorte que le créancier, au lieu de recevoir, par exemple, un cheval qu'il a stipulé, ne recevrait que des parts indivises dans plusieurs chevaux. De même, la dette d'un attelage de deux chevaux exige, par la nature de son objet, que la prestation ne soit pas fractionnée. De même encore, si j'ai emprunté d'une personne 1,000 fr., en déclarant que j'ai fait cet emprunt pour exercer un droit de réméré, la fin que je me suis proposée dans le contrat s'oppose à ce que la somme me soit livrée par parties.

§ 2. — Des effets de l'obligation indivisible.

Lorsqu'il existe, dès le principe, plusieurs débiteurs ou plusieurs créanciers conjoints, ou lorsque le débiteur ou le créancier, unique à l'origine, est mort laissant plusieurs héritiers, l'effet direct et principal de l'indivisibilité est d'empêcher le fractionnement de la dette entre les débiteurs ou entre les créanciers; de là il résulte :

1° Que chacun des créanciers peut agir pour le tout contre le débiteur ; mais celui-ci, bien entendu, est complétement libéré à l'égard de tous quand il a payé la chose entière à l'un d'eux ; car s'il doit la chose entière à chacun, il ne la doit cependant qu'une fois. Le créancier, quoiqu'il ait le droit de recevoir le payement intégral de la dette et d'en donner quittance tant en son nom qu'au nom de ses cocréanciers, ne peut cependant recevoir une autre chose au lieu de celle qui est due; ce serait modifier le droit de ses coïntéressés. Il ne peut non plus faire remise de la dette, car ce serait disposer du bien d'autrui en même temps que du sien propre. Cependant cette remise n'est pas inutile, et elle libère le débiteur jusqu'à concurrence de la part qu'avait dans la créance le créancier qui la lui a faite. Mais comment déduire la part de ce créancier? Il est vrai qu'on ne saurait la déduire en nature; aussi la déduction se fait-elle par équivalent. On estime en argent la part du créancier qui a fait la remise, et lorsque les autres viennent demander au débiteur le payement de la dette, ils doivent lui rembourser le prix de cette estima-tion. Je suppose que les cocréanciers de celui qui a fait la remise en ont profité; s'il en était autrement ils n'auraient rien à rem-bourser.

2° Que si l'un des créanciers exerce des poursuites contre le débiteur, il interrompt la prescription pour le tout, tant pour ses cocréanciers que pour lui-même.

3° Que s'il existe parmi eux un créancier au profit duquel la prescription soit suspendue, cette suspension profite à tous. Ce résultat, que l'on admet par argument des art. 709, 710 et 2249, est loin d'être un effet naturel de l'indivisibilité; la dette indi-visible ne supposant aucune espèce de mandat, il eût été plus naturel de supposer que ceux des créanciers qui restent pendant trente ans sans agir, ont renoncé à leur droit. C'est donc une disposition tout exceptionnelle.

4° Que chacun des débiteurs peut être poursuivi pour le tout.

5° Qu'en exerçant des poursuites contre l'un des débiteurs, le créancier interrompt la prescription pour le tout et contre tous.

Chacun des codébiteurs d'une chose indivisible peut être actionné pour le tout, je viens de le dire ; toutefois, le débiteur ainsi poursuivi peut demander un délai pour mettre ses codébiteurs en cause. Mais pourquoi les mettra-t-il en cause ? Il faut distinguer trois cas avec Pothier, dont l'art. 1225 a à peu près reproduit les dispositions : 1° La dette est de nature à être acquittée séparément par chacun des codébiteurs. Le créancier peut conclure contre celui qu'il assigne à ce qu'il soit condamné à exécuter l'obligation entière ; mais comme le débiteur assigné n'est pas débiteur solidaire, il a le droit de mettre tous ses codébiteurs en cause et de demander qu'ils soient tous condamnés conjointement avec lui, à l'accomplissement de l'obligation, ou, faute par eux de l'accomplir, à payer des dommages-intérêts chacun pour sa part et portion. Que si le débiteur assigné a négligé d'appeler ses codébiteurs en cause, il est seul condamné, et condamné pour le tout, aux dommages-intérêts, parce que, s'étant chargé de la cause, il est réputé avoir pris à sa charge, dans ses rapports avec le créancier, toutes les conséquences de l'inexécution de l'obligation, sauf son recours contre ses codébiteurs.

2° La dette est de nature à ne pouvoir être acquittée que par tous les codébiteurs conjointement. — Le créancier, dans ce cas, peut agir contre celui des débiteurs qu'il lui plaît de choisir, sauf à ce dernier à mettre en cause ses codébiteurs afin qu'ils consentent et procèdent avec lui à l'accomplissement de l'obligation. En cas de refus, le créancier peut les faire condamner à des dommages-intérêts ; mais, comme dans le premier cas, la condamnation se divise entre tous les codébiteurs. Toutefois, si l'un d'eux déclare qu'il est prêt à exécuter l'obligation, comme il n'est pas en faute, il ne devra supporter aucune portion des dommages-intérêts.

3° L'obligation est de nature à ne pouvoir être acquittée que par le débiteur poursuivi. Celui-ci sera condamné seul et pour le tout à l'exécution de l'obligation, et en cas, d'inexécution, à des dommages-intérêts. Que s'il peut demander un délai pour mettre ses codébiteurs en cause, ce n'est pas, comme dans les deux premiers cas, pour faire diviser la condamnation, mais uniquement pour faire prononcer, par un seul et même jugement, sur la demande formée contre lui et sur sa demande en garantie.

Je terminerai en indiquant les différences qui distinguent l'obligation indivisible de l'obligation solidaire :

1° La solidarité résulte de la convention ou de la loi; l'indivisibilité tient à la nature de la chose due.

2° La solidarité n'empêche point la division de la dette entre les héritiers du débiteur; chacun d'eux n'en est tenu que pour sa part et portion. Il en résulte que le créancier qui exerce des poursuites contre l'un des héritiers n'interrompt la prescription que pour la portion de dette dont cet héritier est tenu. — L'indivisibilité, au contraire, empêche la division de la dette entre les héritiers du débiteur; chacun d'eux est tenu pour le tout. Il en résulte que le créancier qui exerce des poursuites contre l'un des héritiers interrompt la prescription pour le tout et contre tous.

3° Dans une obligation solidaire, lorsque la chose périt par la faute de l'un des codébiteurs, la valeur de cette chose est due par tous, même par ceux qui ne sont pas en faute. — Dans une obligation indivisible, lorsque la chose périt par la faute de l'un des codébiteurs, les autres sont libérés de l'obligation, la valeur de la chose périe ainsi que les autres dommages-intérêts sont uniquement à la charge du codébiteur qui est en faute ;

4° Dans le cas d'obligation solidaire, lorsque la dette se convertit en dommages-intérêts, ils sont dus pour le tout par tous les codébiteurs. — Dans le cas d'obligation indivisible, les dommages-intérêts se divisent entre tous les codébiteurs, parce que l'objet de l'obligation cessant d'être indivisible, elle doit pouvoir être exécutée par partie : *cessante causa, cessat effectus;* c'est pour cela que Dumoulin disait : « *longe aliud est plures teneri ad idem in solidum, et aliud obligationem esse individuam.*

5° Lorsqu'un débiteur solidaire est poursuivi par le créancier, il peut bien mettre ses codébiteurs en cause, mais c'est seulement pour faire statuer, par un seul et même jugement, et sur la demande formée par le créancier, et sur la demande en recours contre ses codébiteurs; il ne lui est pas permis de faire diviser la condamnation. — Le codébiteur d'une chose indivisible, au contraire, peut demander que chacun de ses codébiteurs soit condamné à concourir avec lui à l'exécution de l'obligation, et, faute de le faire, qu'ils soient tous condamnés à payer des dommages-intérêts, mais seulement chacun pour sa part et portion.

POSITIONS.

I. La suspension de la prescription au profit de l'un des créanciers solidaires ne profite pas aux autres.

II. Le débiteur actionné par l'un des créanciers solidaires peut lui opposer en compensation les créances qu'il peut avoir contre un autre créancier solidaire.

III. Le jugement rendu entre le débiteur et l'un des créanciers solidaires n'a d'effet à l'égard des autres qu'autant qu'il leur est favorable.

IV. La solidarité peut résulter des engagements que plusieurs débiteurs prennent successivement et par actes séparés.

V. La solidarité n'est pas toujours parfaite.

VI. Le débiteur solidaire poursuivi par le créancier ne peut lui opposer la compensation de ce que le créancier doit à l'un des autres codébiteurs, pas même pour la part que doit supporter dans la dette le débiteur du chef duquel elle s'est opérée.

VII. Lorsque le créancier a fait remise de la solidarité à l'un des débiteurs, c'est ce débiteur et non le créancier qui doit souffrir de l'insolvabilité des autres codébiteurs.

VIII. La suspension de la prescription au profit de l'un des créanciers d'une obligation indivisible profite aux autres créanciers.

IX. L'obligation, unique dans le principe, qui vient à être divisée, doit s'exécuter indivisément si les différentes parties se trouvent ensuite réunies sur la même tête.

X. Quoique dans une obligation indivisible chaque débiteur était tenu pour le tout, l'obligation n'est pas pour cela solidaire.

Vu par le Président de la thèse,
BONNIER.

Vu par le Doyen,
C.-A. PELLAT.

www.ingramcontent.com/pod-product-compliance
Lightning Source LLC
Chambersburg PA
CBHW060512210326
41520CB00015B/4199